L 27/72
22182

DÉPOT LÉGAL
Seine-et-Oise
N° 428
1865
UNE

FLEUR MOISSONNÉE

PARIS

LIBRAIRIE FRANÇAISE ET ÉTRANGÈRE

25, RUE ROYALE-SAINT-HONORÉ

UNE FLEUR MOISSONNÉE

Elle n'avait pas seize ans, quand Dieu l'a retirée de ce monde. De bonne heure nous lui avions parlé du Seigneur Jésus. Elle avait appris à connaître sa Bible, qu'elle a aimée et étudiée jusqu'à la fin de sa courte existence. Son intelligence, qu'une éducation bien entendue avait développée rapidement, son visage expressif, sa vive imagination, sa volonté ferme, tout semblait en elle faire pressentir une de ces natures qui ne se contentent pas d'effleurer la vie, mais qui sont organisées de manière à souffrir beaucoup de ses douleurs, et à beaucoup attendre de ses espérances.

Le Seigneur a trouvé bon de la retrancher à son printemps, après deux longues années d'une souffrance presqu'incessante. Ces deux années la mûrirent pour un monde meilleur, mais elle ne parvint à une solide paix qu'à la fin, après avoir lontemps douté de son adoption.

Sa conscience avait été éclairée dès son enfance par une étude intelligente des Écritures. Elle connaissait sa complète impuissance pour faire le bien, elle gémissait sur ses résolution infructueuses, et sentait profondément l'étendue et la culpabilité du péché devant Dieu.

« Je n'ai pas assez d'assurance, me disait-elle. Si j'étais vraiment convertie, je ne m'impatienterais plus, je ne redouterais pas de mourir, comme je le fais. »

Son regard, dirigé constamment sur elle-même, n'avait pas la force de s'attacher à Christ. Le parfait sacrifice du Sauveur lui était cependant présenté, mais elle ne s'y confiait pas encore sans réserve.

« Je pense encore plus à mes souffrances qu'à mes péchés, répétait-elle. Je m'appitoye sur moi-même, je n'ose pas croire que je sois une enfant de Dieu ; par moment je m'appuie sur Jésus, mais ce n'est que par moment. Il m'est bon d'être malade ; sans cette épreuve, je n'aurais jamais pensé à ces choses. »

C'est ainsi que cette âme, convaincue de péché, mais non encore arrivée à la foi, luttait avec elle-même pour obtenir la paix en s'efforçant de croire. Elle marchait péniblement sur cette route, où les consciences réveillées demeurent quelquefois tant d'années à chercher en vain la joie de leur salut. Comprenons-le bien, ce n'est point en regardant sans cesse la plaie du péché, que l'on parvient à la guérir ; ce n'est point en attendant la paix par une amélioration progressive de notre cœur mauvais, qu'on l'obtient. Connaître son état de péché et la juste loi de Dieu qui le condamne, c'est une grâce sans doute, qui précède la vie, mais cette grâce n'est que le premier pas vers la vie. Pour délivrer nos âmes, Dieu dirige notre regard vers Jésus, l'agneau immolé sur la croix pour nos offenses ; alors seulement nous possédons une pleine assurance et la joie d'être pardonnés.

Cette parfaite joie, notre chère enfant devait la connaître. Une lutte décisive, qui devait se terminer par un complet triomphe, se préparait pour elle, et fut amenée par la crise qui l'emporta de ce monde. Son âme, agitée encore par le doute, n'était pas préparée à accepter la mort qui se présentait devant elle. Dans son angoisse, elle joignit les mains, et s'écria : « O mon Dieu ! laisse-moi, laisse-moi quelques jours de vie pour me convertir ! je ne suis pas prête..... »

Et Dieu, qui entend le cri de ceux qui l'invoquent dans leur détresse, exauça dans sa bonté, la prière de son enfant. Il lui accorda huit jours de vie.

Le lendemain, dès que j'entrai dans sa chambre, elle fit sortir tout le monde.

« Marie ! s'écria-t-elle en jetant ses bras autour de mon cou, Marie, je n'ai pas la paix ! je n'ai pas la paix ! »

Alors, dans l'agonie de son âme, elle joignit ses deux mains, les éleva au-dessus de sa tête et répéta d'une voix angoissée :

« O mon Dieu ! donne-moi la paix ! »

Je me hâtai de redire à cette chère enfant les vérités qu'elle savait depuis longtemps :

« Le Seigneur t'aime, tu es à lui, il est ton Sauveur, repose-toi sur lui. Il a tout fait, tout accompli pour ton salut ; il a pris sur lui tous tes péchés, ne crains rien. Dis-lui : tu es mon Sauveur :

> Je suis à toi, je t'adore et je t'aime.
> Je suis à toi, je suis à toi !

Elle saisissait, elle croyait, chaque mot était pour elle une réalité vivante. Une courte visite du médecin vint nous interrompre. Dès qu'il fut sorti, elle joignit de nouveau les mains ; ses traits avaient pris une expression sereine.

« A présent, j'ai la paix ! » dit-elle.

Le Seigneur avait encore exaucé le désir de son âme. Le Saint-Esprit lui avait présenté avec clarté et puissance la vérité, et lui avait appliqué les paroles de Jésus ; aussi une paix profonde, une parfaite assurance, fut son partage jusqu'à la dernière heure.

« Je suis heureuse, j'ai la paix, » me répétait-elle le lendemain avec un sourire. — Puis montrant le ciel, avec un geste énergique, qui lui devint habituel : « mais il faut toujours regarder en haut ! dit-elle, pas en bas ! »

Rien ne peut rendre l'expression de ce continuel sourire, et de ce regard si calme et si ardent à la fois, qui se dirigeait sans cesse vers le ciel, avec une intensité si grande.

« Je suis si heureuse quand je me sens portée dans ses bras ! me dit-elle, il n'abandonnera pas sa petite brebis j'en suis sûre. Je n'ai pas beaucoup de joie, mais je suis bien heureuse.»

Puis elle me demanda : « Comment te représentes-tu Jésus ? »

« Je le vois, lui répondis-je, comme nous le représente l'Écriture, assis à la droite de Dieu, intercédant pour nous. »

« Moi, je vois ses plaies, me dit-elle, je suis sous la croix. »

Quand elle était enfant, nous allions ensemble admirer les roses blanches de mon jardin. Nous les comparions aux âmes rachetées et glorieuses, blanchies dans le sang de Jésus.

Je lui en apportai un bouton. Elle le prit, et le montrant à son père avec un sourire plein de joie :

« Je suis comme cela! » s'écria-t-elle.

Elle le garda et le fixa longtemps avec le même sourire.

Quelqu'un lui dit qu'elle méritait le ciel.

« ... Ah! si nous avions ce que nous méritons! — *Le sang de Christ*, reprit-elle en appuyant sur ce mot, *rien* que Christ; son sang, rien que son sang. »

« C'est depuis que tu as vu ton âme blanchie dans ce sang, que tu as la paix ? » lui demandai-je.

« C'est depuis que je me suis *jetée, jetée* sur Christ. Il faut se *jeter* sur Lui et ne chercher *que Lui*. Il faut *toujours* regarder en haut! » et son doigt montrait le ciel.

« On dit qu'après la mort suit le jugement ?» demanda-t-elle ensuite avec un regard où se peignait un léger sentiment de crainte.

« Mais, Jésus a déjà été jugé et condamné pour toi, sur la croix. »

« Ah ! c'est vrai ! » Et elle sourit d'un air pleinement satisfait.

Dès l'instant où elle posséda l'assurance de son pardon par le sacrifie du Sauveur, tous les fruits de la foi se manifestèrent en elle. Sa patience l'étonnait ; la grâce divine triomphait de toutes les faiblesses de son cœur naturel ; elle lui donnait une parfaite douceur, un détachement complet des choses de la terre ; elle lui ôtait tout frayeur, tout regret. La sainteté, que ses impuissants efforts d'autrefois n'avaient pu produire, elle la réalisait à nos yeux, comme pour nous confirmer la vérité des paroles de l'Écriture sur la gratuité du salut.

Maintenant, elle ne redoutait qu'une chose, c'est que la souffrance physique, qui seule assombrissait ce tableau, vînt lui faire articuler quelque plainte. Elle comprimait chaque soupir que lui arrachaient les douleurs qu'elle ressentait par moment, puis elle souriait :

« Glorifions le Seigneur ! s'écria-t-elle. Bientôt la victoire. Ce ne sera pas long, n'est-ce pas ? Il me tarde !... Quel creuset ! ajouta-t-elle. Joie ! joie ! Paix ! paix ! Ah !... mais avant d'y aller, que c'est difficile ! »

Elle éleva les mains et pria.

« Mon Dieu ! un peu, un peu moins de souffrances ! »

Dieu entendit encore son cri, et dès cette heure elle fut plus calme.

On lui dit qu'elle pouvait se rétablir. — « Comme Il voudra, » répondit-elle. Son cœur était soumis.

« Quelle belle place je vois là-haut ! reprit-elle. Ah ! je ne voudrais pas l'échanger. Quel bel héritage ! »

L'amour de Christ qui réjouissait son âme, lui communiquait une affection pour tous, qu'elle cherchait à exprimer :

« Que je vous aime ! Je vous aime beaucoup plus et beaucoup mieux qu'avant. Vous viendrez tous là-haut. J'ai vu vos noms écrits dans le ciel. — Cette épreuve sera bénie, j'en suis sûre. Il est si doux d'aimer ! Ils seront si heureux, là-haut, de me revoir ! Et vous, quand vous y viendrez, quelle joie ! A ! je vous aime pour le ciel. Oui, vous y viendrez ; ce sera si court... »

C'est ainsi que son cœur débordait d'une affection toute céleste pour ceux qu'elle aimait sur la terre. Elle parlait à tous, mais sans excitation, simplement ; on voyait qu'elle ne rendait pas tous les sentiments qu'elle éprouvait.

L'amour qui lui était donné était si saint et céleste ; les larmes et les regrets humains n'avaient plus de place dans cette âme renouvelée par la grâce : « Le Seigneur soignera les miens beaucoup mieux que moi, » disait-elle. Son regard qui cherchait le ciel, était à la fois ardent et calme. La pensée qu'il fallait regarder en haut, dominait en elle toutes les autres. Elle la répétait sans cesse à ses parents comme une consolation qu'elle leur laissait, comme un dernier adieu.

Elle voulut revoir ses amies. Pour chacune elle eut un mot, accompagné d'un regard plein d'une vive affection, et prononcé avec une énergie que nous ne pouvons rendre.

« Il faut toujours regarder en haut, dit-elle à l'une. —Glorifie Dieu, ne fais pas comme moi, dit-elle à une autre. — A une troisième : Ah ! glorifie Dieu, donne ta vie au Seigneur ! tu en aurais du regret. — Au pasteur qui vint la visiter quelques heures avant sa fin : Dites à toutes que je meurs *sans regrets !...* Mais qu'elles sanctifient leurs vies, qu'elles glorifient le Seigneur ! sans cela, il ne vaut pas la peine de vivre. Qu'elles ne regardent pas au monde, ajouta-t-elle avec un sourire de dédain. — Moi, j'ai perdu seize années, perdues pour rien... Seize ans perdus en conversations futiles..... Ah ! ce n'est pas la peine de vivre ! »

Craignant que ce retour vers le passé ne vînt troubler la paix de son âme, je lui dis :

« Mais le sang de Christ a tout pardonné. »

« Oh ! oui, tout pardonné, répétait-elle avec joie. Ce regret, ce n'est rien, je n'en ai pas. » — Pour dire que ce souvenir ne la troublait nullement, et qu'elle en parlait aux autres pour les avertir.

Elle nomma ses amies absentes :

« Je voudrais leur dire beaucoup de choses, mais je ne puis le faire. — Celle-là dit bien qu'elle veut servir Dieu. Moi aussi je le disais, et cependant je ne le faisais pas. — Cette autre, ah ! je crains bien que le monde ne l'entraîne. Dites-leur qu'elles ne perdent pas la vie. »

Le délire la saisit. Puis, avant sa fin, elle revint à elle-même et put encore répéter : « Paix ! Paix ! »

Et le Seigneur, le bon berger de ses brebis, recueillit dans son ciel cette jeune âme, pour la mettre à l'abri des tentations et des souffrances que ce monde lui réservait.

Jeunes filles qui lisez ces lignes, soyez attentives, et ne laissez pas s'évanouir au milieu des distractions de la vie, l'impression salutaire que vous venez de recevoir. — Si vous aimez encore le monde, voyez de quel œil on en considère les vaines folies au moment solennel où il faut tout quitter. — Si vous avez au cœur parfois le désir de servir Dieu, n'attendez pas votre dernière heure pour le réaliser. — Si votre conscience agitée cherche vainement la paix, depuis longtemps peut-être, *jetez-vous sur Christ*, comme notre jeune amie nous y invite.

Allez à Lui, saisissez par la foi, le pardon, le précieux pardon, qu'il nous a acquis avec son sang, versé pour nos péchés. Ne demeurez pas indécises sur la question importante du salut. N'attendez pas de vous trouver devant le Roi des épouvantements, pour chercher une assurance parfaite. Il la faut pour vivre en paix et pour mourir sans effroi ; il vous la faut dès aujourd'hui pour tranquilliser votre conscience, pour remplir le vide de votre cœur et pour vous garder contre la tentation. Puisse le Seigneur vous attirer à lui de bonne heure, afin que vous n'ayez pas un jour le regret d'avoir perdu votre vie terrestre dans des choses futiles, et encore moins celui d'avoir perdu la vie éternelle.

Versailles. — Imprimerie CERF, 59, rue du Plessis.

BIBLIOTHÈQUE NATIONALE DE FRANCE

3 7502 00972690 4

www.ingramcontent.com/pod-product-compliance
Lightning Source LLC
Chambersburg PA
CBHW061633050726
47595CB00007B/3200